Kastehelmiä II

Näe enemmän
ymmärrä laajemmin

Pirjo Piippola

Sisällysluettelo:

Esipuhe

Tämän kirjan on tarkoitus olla oppaana jokaiselle, kenelle on kasvanut kiinnostus henkisyyttä kohtaan. Herkkyys aistia asioita joita ei näe. Herkkyyttä tunnistaa toisten mielialoja, olotiloja, ilman että voi sitä järkevästi selittää. Sen vai tuntee. On hyvä ymmärtää, ennen kuin kokee jotain joka pelottaa. Mehän pelkäämme asioita joita emme ymmärrä, emme voi järjellä selittää saatikka käsittää.

Kuitenkin nämä kaikki koetut ja aistitut asiat ovat totta. Ne ovat luonnollisia asioita tässä maailmassa.

Tiedostamalla että näin on, oppii käyttämään herkkyyttään sekä oman elämänsä laadun parantamiseen, myös toisten auttamiseen niillä lahjoilla, joita on syntymälahjaksi saanut. – Herkkyyttä.

Kutsun sinut henkisen kehityksen tielle seikkailuun. Tarkoituksena – nähdä enemmän ja ymmärtää laajemmin. Tervetuloa

Ajatusten hiljentäminen

Jos olet valmis muuttamaan elämääsi, aloitetaan ihan helpolla ja yksinkertaisella mielen hiljentämisellä, se on harjoitus, mikä on ihan ensimmäisenä tärkeä, jotta sitten jossain vaiheessa kuulemme sitä sisäistä opastusta paremmin. Onhan se niin, että jos meillä ajatukset ovat kuin viisikaistainen moottoritie, jolla on koko ajan kauhea liikenteen kohina, kuten varmasti tiedät, siinä hurisee hurjasti ja kun sinun henkinen oppaasi on siellä moottoritien toisella puolella, niin eihän hänen äänensä kuulu sen liikenteen äänien yli. Mutta, kun sinä opit hiljentämään sen moottoritien liikenteen, niin vau! Kyllä kuulet kaiken ohjauksen ja opastuksen. Siksi minä sanon, että harjoittele, *hiljennä mielesi.*

Yksinkertaisin aloitus, jos et ole harjoitellut hiljentymistä, niin ensin alkuun, ihan vain viisi minuuttia.

Valitse rauhallinen paikka, sulje puhelimesi, kaikki laitteet jotka voivat häiritä hiljentymistäsi. Rauhoita mielesi. *Aloita tietoinen harjoittelu.*

Aloita viidestä minuutista ja sitten, kun viisi minuuttia ajatuksesi pysyvät poissa, voit jatkaa, pidentää aikaa tuonne 20 minuuttiin jopa puoleen tuntiin, mutta ei enempää, se on ihan tarpeeksi. Se, miten se sitten tapahtuu, - ensimmäinen tärkeä asia on rentoutuminen ja hengitystekniikalla hengittäminen syvään ja rauhallisesti, syvään ja rauhallisesti. Seurauksena -tunnet, miten olosi rentoutuu. Kun niitä ajatuksia sitten tulee, taatusti tulee, olen varma siitä, voin vakuuttaa että näin on. *Älä tartu niihin. Älä pyri estämään niitä.* Sillä kun estät, olet ansassa. Olet jumissa siinä ajatuksessa. Kuvittele että ne ajatukset ovat kuin pilviä, joita tulee ja menee. Älä tartu niihin, niitä vain tulee ja menee. Ainoastaan keskity siihen syvään rauhalliseen hengitykseen ja huomaat jossain vaiheessa, että olet hiljentymisen tilassa.

Se vielä, viisi minuuttiakin, mistä sinä tiedät, kun olet siinä hiljentymisessä koska se aika on täynnä, joten taas ajatukset, -mitähän kello on? Onkohan se aika mennyt jo? Ei, ihan hyvä tekniikka on se, että nauhoitat itsellesi esim. sen viiden minuutin hiljentymismusiikin, rauhoittavaa hyvää musiikkia, joka on vain taustaääni sinulle, jotta tiedät, - kun musiikki loppuu, voit palata tähän hetkeen. Samalla tavalla, kun edistyt ja lähdet pidempään hiljentymiseen, niin nauhoita itsellesi sopivan pituinen pätkä hyvää rauhoittavaa musiikkia, -netistä kyllä löytyy todella hyviä juttuja, valitse sellainen, joka tuntuu sinusta hyvältä. Tässähän lähdetään kehittämään omaa hyvää oloa. Löydä itsellesi sopiva, tunne olosi hyväksi, se on tärkeä, olet turvassa, kaikki on hyvin. Todellakin, kun musiikki loppuu, tiedät, - nyt minun on aika palata tähän aikaan ja paikkaan. Kiitos. Miten hyvä olo siitä tuleekaan, kannattaa harjoitella. Itse löysin ne hiljentymishetket, -se on päivällä vaikeaa, kun puhelin soi ja ovikello soi, kaikenlaista häiriötä, - teen se aina iltaisin ennen nukahtamista, silloin on jo kaikki hiljaa. - Mahtava tapa saada lisäksi levollinen yöuni. Toinen hetki on aamulla, kun herään, en nouse ylös, en, minä jatkan lepäämistä, aloitan syvään ja rauhallisen hengityksen, tietoisesti vedän itseni siihen hiljentymisen tilaan, nautin siitä ja kun katson, nyt homma on hoidettu, -sanon itselleni: *Tämä päivä on hyvä päivä, tapahtukoon paras mahdollinen.* Tämä päivä on hyvä päivä, ei niin, että tulee hyvä päivä, koska meillä on vain tämä hetki. Tulee – se on aina tulossa. Ei se ole koskaan tässä hetkessä. Joten *meillä on vain tämä nyt hetki.* Tämä päivä on hyvä päivä. Vielä pyyntö: tapahtukoon paras mahdollinen. Kiitos.

Erottelukyky ja riko rutiineja

Ensimmäisessä osassa neuvoin harjoittamaan ajatusten hiljentymistä, sekä korostin, miten tärkeää se on. Koska haluan että olet varma siitä, että näin todella on, niin tehdään pieni harjoitus:

Ota hyvä levollinen asento, - hengitä syvään ja rauhallisesti. Sulje silmäsi ja keskity ajattelemaan sitruunaa.. Ajattele sitruunaa niin voimakkaasti että näet sen sitruunan - henkisin silmin. Kun sitruuna on edessäsi, ala kuorimaan sitä. Kuori pala kerrallaan ja kun se on kuorittu, ota siitä viipale ja laita se viipale suuhusi ja – puraise. Miltä tuntuu? Alkoiko sylki erittyä suuhusi? Jos alkoi, niin mietipä – sinä teit tämän ajatuksen voimalla. Sinä vain ajattelit sitruunaa ja sinun kehosi totteli. Tämä, jos joku, on todella konkreettinen esimerkki siitä, miten tärkeää on se, mitä sinä ajattelet. Miten sinä ajattelet, -sillä sinun kehosi tottelee. Näin se vaan on. Tämä vahvistakoon tämän ensimmäisen osion tärkeyden mielen hiljentämisestä.

Kun opit hiljentämään mielesi, samalla opit hallitsemaan ajatuksesi. Mikä vielä oli tärkeää, oli se, että meillä on vain tämä hetki. Tärkeää on vielä myös se, että meidän mielemme on juuri tässä hetkessä. Meillähän on vain tämä nyt hetki. Tämä motivoikoon sinua harjoittelemaan lisää ajatusten hallintaa ja mielen hiljentämistä.

Kerroin viimeksi myös siitä, että kun se henkiopas on siellä moottoritien toisella puolella ja se liikenteen hurina mikä siinä normaalisti on, eihän sieltä kuulu se opastuksen ääni, - ei sitten millään. Mutta, sitten kun olet oppinut hiljentämään ajatuksesi, - tulee uusi juttu opittavaksi.

Erottelukyky

Erottelukyky on myös todella tärkeää. Se tarkoittaa sitä, että sinun pitää olla varma siitä, että se ääni, jonka kuulet sieltä tien toiselta puolen, on todella sen valossa olevan henkioppaasi ääni. Tahdon sanoa, että on olemassa myös monenlaisia muita ääniä, ääniä, jotka tulevat matalammasta energiasta. Nyt kerron miten sinä erotat sen todellisen, oman sisäisen henkioppaasi äänen, joka on vain ja ainoastaan siellä sinun parhaaksesi, ohjatakseen sinut sille sielunpolulle, joka on sinua varten, juuri niihin kokemuksiin, joiden takia sinä olet tässä elämässä. *Mehän olemme täällä kokemuksia hakemassa, miksi muuten.*

Ei kaikki ole helppoa, meillä voi olla vastuksia, meillä on vastuksia, mutta me tarvitsemme niitä. Niistä syntyy tämä seikkailu. Asiaan. Mistä sinä erotat äänen, joka sinua pyrkii ohjaamaan.

 Muista tämä: *Sinun korkein henkioppaasi ei milloinkaan pakota sinua, ei uhkaile, ei esitä vaatimuksia, ei vetoa häpeään, ei pelkoon, ei mihinkään sellaiseen, että sinun täytyy, mieti mitä muutkin ajattelevat, näin sinun on pakko tehdä. Nämä äänet eivät kuulu valossa olevalle henkioppaalle.*

Valossa olevan henkioppaan ääni on todella hiljainen, se on rakastava, se kunnioittaa sinun vapaanvalinnan oikeuttasi. Se ääni ei milloinkaan määrää sinua mihinkään, - se antaa sinulle tuntemuksia sydämeen, tämä tuntuu hyvältä, tämän minä voisin tehdä. Sitten, jos todella olet tärkeässä sielunsopimuksen kohdassa, kokemuksessa, joka on siellä sinua varten odottamassa, niin voin sanoa omasta kokemuksestani, et voi vastustaa sitä. Tunne sisälläsi on niin voimakas, - näin minun pitää tehdä, näin minä teen, koska minä haluan tehdä niin. Ei siksi että kukaan pakottaa minua, uhkailee minua tai esittää vaatimuksia, - se tunne on sydämessä.

Henkioppaasi ohjaa sinua, opi kuuntelemaan. Opi erottamaan. Erottelukyky on yksi tärkeimmistä opeista tämän ajatusten hallinnan lisäksi.

Erottelukyky muutenkin tässä maailmassa on tärkeä. Me saamme monenlaista informaatiota, mikä on oikeaa, mikä väärää. Meidän kannattaa aina kuunnella sisintämme, siellä on ohjaus juuri sinne, minne meidän sielunsuunnitelmamme meitä on tarkoitus viedä. Siksi tämä henkisen kehityksen tien kulkeminen vaatii rohkeutta, - uskalletaan ottaa riskejä ja rikkoa rutiineja, uskalletaan jopa mokata. Kaikkea sellaista mikä tuntuu hyvältä. Heitetään pelko pois, me emme tarvitse pelkoa, paitsi silloin kun joku tulee vastaan aseella uhaten, se pelko on todellista fyysisen elämän pelkoa. Tässä emme käsittele tällaista pelkoa, puhumme pelosta, joka on sisälläsi, - henkisestä pelosta. Puhumme pelosta, jolla ei ole mitään fyysistä muotoa, me vain pelkäämme, me emme luota. Kun emme luota, meillä ei ole uskoa. Meillä ei ole uskoa siihen, että meillä on joku, joka ohjaa meitä, joku, joka kuljettaa meitä. *Suojelusenkeli joka on aina meidän kanssamme.*

 Kukin löytää uskonsa omalla tavallaan, mutta pelko ei kuulu siihen. Se on, sanoisin "saletti juttu".

Jokainen löydämme sen oman totuutemme. Tämä henkisen kehityksen tie on juuri sitä. Yritämme etsiä sitä meille sopivaa. Kukaan ei voi sanoa minulle mikä on oikein ja mikä on väärin. Ei ole olemassa oikeaa eikä väärää. On vain tekoja ja teoilla on seurauksensa. Jokainen teko, jokainen ajatus, jokainen puhe, tuottaa seurauksia. Myös tekemättömät. Seuraukset ovat sitten niitä mitä me itsellemme olemme aiheuttaneet. Omilla ajatuksillamme, puheillamme, teoillamme, olemme luoneet tämän hetken ja tilanteen missä nyt olemme ja elämme.

Kun meillä on valo sydämessämme, meillä on motiivina hyvä, se tuottaa meille seurauksina hyvää. Luota siihen. Tärkeäähän tässä on nimenomaan, että hallitsemme ajatuksemme, sillä *olemme kirjaimellisesti oman elämämme luojia.*

Ai miksikö? Siksi, että sinun omat ajatuksesi, puheesi, tekosi ovat tuottaneet seurauksia, nuo aikaansaannoksesi ovat luoneet sen tilanteen missä olet tällä hetkellä.

Me olemme varmaan kaikki kuulleet Karman laista, Karma tulee ja kostaa, se ei ole näin. Ei.

Karma on syyn ja seurauksen laki, se tasapainottaa kaiken. Eli vanhat sanonnat: "Mitä sinä kylvät, sitä sinä niität. Sitä mitä tilaat, sitä sinä saat". Ne ovat kirjaimellisesti totta. Siksi, jälleen on tärkeää olla läsnä tässä hetkessä ja täysin tietoinen siitä mitä ajattelee, sillä siitä lähtee sinun tulevaisuutesi rakentaminen, usko pois. Voisin kertoa monta tarinaa siitä, miten toiveita toteutin niin, että vain sanoin ilmoille jonkun asian, jota tarvitsin, jota sydämessäni toivoin, mitä halusin ja mihin uskoin. Tänä päivänä sen tilauksen saapuminenkin on paljon nopeampaa, kuin tässä muutamia vuosia takaperin. Näin se vaan on.

Erottelukyky on todella tärkeää, ajatusten hallinta on tärkeää, sekä tässä nyt hetkessä oleminen.

Sitä pitää olla valveilla kaiken aikaa, jotta tietoisesti on selvillä siitä mitä ajattelee? Miksi ajattelee? Jos ajatukset ovat positiivisia, se on hyvä, mutta jos ajattelee negatiivisesti - minusta ei ole mihinkään, en minä kuitenkaan osaa enkä opi. **Lopeta sellainen ajattelu heti, saman tien.**

Sinä osaat, sinä opit, kaiken voi, jos tahtoo. Kaiken voi, jos tahtoo.

Tämä päivä on hyvä päivä. Näin se on. Annanpa vinkin siitä, - meidän on aika vaikeaa olla läsnä tässä hetkessä, - me olemme oppineet niin monenlaisia rutiineja. Me teemme monia asioita aina samassa järjestyksessä ja samalla tavalla, - ei tarvitse ajatella. Joka aamu, kun nousemme ylös, me teemme samat asiat aina täsmälleen samalla tavalla, meidän pitää saada se aamupala totutulla tavalla ja lukea lehti juuri siinä oikeassa järjestyksessä mihin olemme tottuneet. Meidän aamumme lähtee käyntiin pelkästään rutiineilla.

Mitä ne rutiinit ovat?

Totuttuja tapoja, ei tarvitse ajatella.

Nyt annan vinkin siitä, miten herätät itsesi tähän hetkeen, herätät aivosi.

Riko rutiineja. Tee asioita toisin. Esim. Kun puet takin päällesi, - laitat aina ensin ehkä vasemman käden hihaan ja sitten oikean. Teepä tämä pukeminen toisella tavalla, - laitakin ensin oikea käsi hihaan ja sitten vasen. Mitä huomaat? Et oikein osaakaan pukea takkia päällesi, - aivosi heräävät. Pitääkin oikein ajatella! Samoin kun laitat jalkineet jalkaasi, teet sen aina samassa järjestyksessä, eikö vaan? Vaihdapa järjestystä, - huomaat taas jotain erikoista, - aivosi ovat täten herätetyt, - olet tässä hetkessä kuten pitääkin. Päiväsi alkaa valppaammin, huomaat asioita terävämmin, näet enemmän ja ehkä myös ymmärrät laajemmin.

Ihan pienillä asioilla voit herättää itsesi tähän hetkeen, - tarkkaile rutiinejasi ja riko niitä. Silloin sinun aivosi heräävät toimintaan ja olet taatusti juuri nyt tässä hetkessä. Kun olemme tässä hetkessä, me osaamme myös tarkkailla ihan eri tavalla elämää, kaikkia tapahtumia, ihan varmasti on näin – kokeile.

Harjoittele mielen hiljentämistä edelleen, ei se ole helppoa, ei se ole vielä minullekaan helppoa, vaikka olen tehnyt sitä vuosikaudet. Siksi tämä elämä on niin ihanaa, tämä ei ole helppoa, ei sen pidäkään olla helppoa. Otamme vastaan kaiken, - ei ongelmia, ei ongelmia, niitä ei meillä ole, meillä on mahdollisuuksia. Jokainen ongelma on todellisuudessa mahdollisuus kokeilla miten minä selviän siitä. Miten minä ratkaisen sen parhaalla tavalla. Ennen kaikkea vielä tämä – opitaan pyytämään apua. Meillä on paljon energiassa enkeleitä ja oppaita ja mestareita, opettajia, jotka ovat valmiita auttamaan meitä, mutta *meidän pitää pyytää*. Meidän vapaan valinnan oikeutta kunnioitetaan niin paljon, että henkimaailma ei tyrkytä, ei pakota. Henkimaailmasta kuunnellaan meitä, seurataan meitä, mutta he eivät tee mitään, jos emme pyydä apua.

Näin siis tässä erottelukyvyssä pyydetään apua valosta. Edelleen hallitaan niitä ajatuksia ja tullaan tietoisesti oman elämämme luojiksi. Aina kun teet jotain hyvää sydämestäsi, pyyteettömästi, se tulee sinulle monin verroin takaisin. Tämä ei tarkoita sellaista hyvää, - kun minä annan sinulle satasen, niin odotan, että autat kun pyydän sitä sinulta. Se ei ole pyyteetöntä, se on bisnestä, - minä teen näin ja sitten sinä palautat sen minulle näin. **Pyyteetön auttaminen on auttamista ilman vastaodotuksia.** Se mitä sinä saat siitä, on se vilpitön auttamisen ilo. Antamisen ja auttamisen ilo tarvitsee myös vilpittömän vastaanottajan. Etsitään niitä, tehdään hyviä tekoja, tarkkaillaan kaikkea, - tässä hetkessä.

Ota riski ja uskalla mokata

Rutiineja on hyvä rikkoa jo siksi, että emmehän me kehity, emmekä kasva, jos vain kuljemme samoja ratoja niin, että urat vain syvenee. Niistä ei sitten jossain vaiheessa edes pääse pois. Emme uskalla. Joten mitäs jos otetaan riski ja uskalletaan mokata. Mitä sitten? Ei se mokaus meistä huonompaa te. Ei missään nimessä. Se on aivan yksi lysti, jos joku nauraa. Naurakoon. Hei, haloo, - me olemme yhtä kokemusta rikkaampia. Jos asia on jokin tärkeä, ainakin tiedämme, ettemme tee samaa mokaa toista kertaa. Viisaan ja tyhmänhän erottaa juuri siitä, että tyhmä tekee aina samalla tavalla ja odottaa erilaista ratkaisua. – Ihmettelee miksi ei koskaan onnistu? Lyö päätään seinään.

Mitäs jos uskalletaan ottaa riskejä, rikotaan rutiineja ja ajatellaan luovasti. Mokataan jos siltä tuntuu, sehän meitä opettaa. Emmehän me tänne olla valmiina synnytty. *Olemme nimenomaan tulleet hakemaan kokemuksia. Kokemuksia me saamme, kun olemme rohkeita, rikomme rutiineja, otamme riskejä silläkin uhalla, että mokaamme.*

Tämä kaikki kuuluu tähän henkisen kehityksen tiellä kulkemiseen. Suorastaan avainasemassa tähän pyrkimykseen nähdä enemmän ja ymmärtää laajemmin.

Seurauksena tuosta kaikesta uskalluksesta, voimme sanoa – olemme rohkeita! Olemme myös viisaampia kokemuksiemme kautta ja ymmärtäväisempiä. - Eikö totta!

Rohkea ihminen tietää, että hän pärjää missä vaan. Tulee vastaan minkälaisia haasteita tahansa. Meillä on luovuutta ajatella asioita ihan uudella tavalla, – eikö niin?

Yhteenvetona tähän asti:

Meillä on ajatusten hallinta, -ainakin on sitä lähdetty harjoittelemaan. Uskallamme ottaa riskejä, uskallamme mokata, uskallamme kohdata maailman joka päivä sellaisena kuin se vastaan tulee. Kun meillä on rohkeutta, me uskallamme katsoa tosiasioita silmiin ja nähdä enemmän. Ei vain sitä mitä me kuvittelemme tai odotamme näkevämme, vaan sen todellisen totuuden, mitään salaamatta, mitään pois jättämättä. – Rohkeutta on kohdata tosiasiat sellaisina kuin ne ovat. Tämä auttaa meitä joka päivä tekemään hyviä rakentavia ratkaisuja ja valintoja. Jos vastaan tulee vaikeita asioita, mehän pyydämme apua ja me saamme sitä. Meillä on nyt taito hiljentää se meidän moottoritiemme siltä liikenteeltä. Meillä on taito kuunnella ohjaavaa ääntä. Meillä on myös erottelukyky jotta me tiedämme, mikä ääni se on, joka meitä ohjaa. Me voimme todeta matalille energioille, pelottelijoille, säälittelijöille - ei kiitos. Olemme tarpeeksi rohkeita kohtaamaan asiat sellaisina kuin ne tulevat, emme pelkää toisten ihmisten arvostelua, emme minkäänlaisia kommentteja siitä, miksi teet noin? Ennen kaikkea, -kun me teemme asiat niin, että meillä on sydämessämme motiivi siitä hyvästä tarkoituksesta, miksi me teemme niitä asioita, me emme koskaan tule katumaan tekojamme, emme ajatuksiamme, emme puheitamme, koska me tiedämme että meidän tarkoituksemme oli rakkaudellinen ja hyvä. On sitten tulos mikä tahansa.

Kun me olemme oppineet olemaan tässä hetkessä, olemme oppineet hiljentämään ajatuksemme muuttamalla hengitystämme syväksi ja rauhalliseksi, osaamme rentouttaa kehomme, me osaamme rentouttaa mielemme ja nukuttaa ne ajatuksemme uneen. Nuo ajatuksemme eivät häiritse meitä – jos me niin haluamme.

Seuraavaksi tulemme siihen mielenkiintoiseen asiaan, että kun me hallitsemme ajatuksemme, kun meillä on rohkeutta kohdata totuus, on se sitten mitä tahansa elämässä tapahtuukaan, me emme pelkää vastuuta.

Me tiedämme, että meidän jokainen ajatuksemme, puheemme, tekomme tuottaa seurauksia ja vastuu niistä on meidän, ei kenenkään muun.

Emme edes kuvittele syyttävämme, emme edes olosuhteita, emme sitä, että kun sinä halusit, - ei. Se mitä me teemme, me teemme siksi, että me tunnemme sydämessämme tekevämme oikein. Meille tulee hyvä mieli, emmekä tule katumaan mitään jälkeenpäin. Meille tulee tuosta myös hyvä menneisyys ja odotus loistavasta tulevaisuudesta. **Mehän olemme kirjaimellisesti oman elämämme luojia.**

Tällä hetkellähän me olemme juuri siinä olotilassa, jonka me olemme luoneet aikaisemmilla puheillamme ja teoillamme. Taikka tekemättä jättämisillämme, myös ne aiheuttavat seurauksia. Me opimme nämä kyllä, kun katsomme avoimemmin silmin kaikkea ympärillämme olevaa, sehän on nyt helppoa, kun me olemme tässä hetkessä. Meidän havainnointi- ja huomiokykymme on keskitetty juuri nyt tähän hetkeen. Meitä ei häiritse se, että puolet ajatuksistamme olisi jossakin menneessä tapahtumassa, - mitä tuli tehtyä, kadun tuota, miksi toimin noin?

Emme voi mitään muuttaa. Mikä on mennyttä, se on mennyttä. Emme saa mitään takaisin. Siksi on tärkeää, että puhumme puhtain sanoin, motiivina myötätunto ja rakkaus, on se sitten sanoiksi puettuna mitä tahansa. Me tiedämme, että se kantaa valoa ja se myös tuo takaisin valoa. Näin me kirjaimellisesti olemme oman elämämme luojia. Tehdään näistä osa itseämme, ei niin, että se on jotain, mitä minun täytyy tehdä, näin minulta odotetaan, näin neuvotaan. Ei. Otetaan tämä tieto sydämeemme ja jos se tuntuu todelta ja hyvältä, otetaan se itseemme niin, että se on osa minuutta. Siitä tulee sinun luonnollinen osasi. Sinä toimit kaiken tämän perusteella hyvällä motiivilla. Tietoisesti, tietäen, **olet suuri luoja elämässäsi.**

Mitäs sitten jos minulla onkin niin suuria pelkoja, etten yksinkertaisesti uskalla mokata tai ottaa riskejä?

Ihminen tunne itsesi

Olenko niin arka ja ujo, etten uskalla avata suutani suuremmassa porukassa? Mitä tahansa, meillä on monenlaisia uskomuksia itsestämme, mitä saa tehdä, mitä ei saa tehdä. Meille on todennäköisesti jo lapsena, varsinkin tytöille sanottu, että kiltti tyttö ei kiukuttele, kiltti tyttö, ole vain kiltti tyttö, ei sovi suuttua eikä raivota. Pojat eivät itke. Kun me kuulemme sitä tarpeeksi usein, niin meidät on aivopesty. Olemme vielä aikuisinakin tuon uskomuksen vallassa. Emme uskalla kiukutella tai kertoa omista tuntemuksistamme jos ne ovat vastoin odotuksia kiltistä tytöstä tai pojasta, me pidämme mölyt mahassamme.

Olemme joutuneet lapsuudessa rakennettujen rajojen sisälle vangiksi. Nuo rajat on asettanut ihan joku muu kuin me itse.

Jotta oppisimme löytämään näitä meillä kaikissa olevia rajoja, - oppisimme tunnistamaan ne omat rajamme - se vaatii tietoista työn tekemistä oman sisäisen itsemme kanssa.

Ajatusten hiljentäminen ja tietoinen mietiskely - mikä minua estää? Miksi en uskalla rikkoa rajojani, miksi en uskalla mokata? Mietiskellään ja nähdään **totuus**. **Totuushan on se joka ON**. - *Ei se mitä haluamme sen olevan, tai toivomme sen olevan, kun se paljastuu meille, se paljastaa myös sen, että hei, nämä rajat ovat ihan meidän omia ajatusrakennelmiamme ja niitäkin voi rikkoa.*

Rikotaan rutiinien lisäksi esteitä. Nämä rikkomiset eivät suinkaan tarkoita, että rikkoisimme hyvien tapojen mukaisia asioita, rikkoisimme lakia, tai mitään muutakaan mikä on eettisesti hyvää. Ei mitään sellaista joka on moraalisesti väärin, ei. Rikomme omia estojamme, jotka estävät meitä elämästä täyttä elämää ilman pelkoja.

Ujouden voittamiseksi voimme harjoitella pienessä ystäväporukassa puhumista, asioista jotka itseä kiinnostavat, innostutaan puhumaan, huomataan, ettei se ollutkaan vaikeaa. Samoin, mikä tahansa pelko voitetaan kohtaamalla tuo pelko. Pyydetään hyvä uskottu ystävä mukaan tukemaan, on helpompaa kohdata mitä tahansa kun ei ole yksin. Jos kuitenkin olet yksin, huomaa että tuo pelko ei ole todellinen, fyysinen, tuo pelko on mielessäsi, se sinun tulee voittaa. Meditaatio on silloin hyvä, mantrana vaikka:" Kaikki on hyvin, kaikki on hyvin". Meditaatiossa sitten käyt tuota pelkoa kohti, huomaat, että se ei olekaan mikään iso pelottava, vaan jotakin minkä olet kokenut kauan sitten. Tuota asiaa ei enää ole, se on muisto, jonka voi arkistoida. Tässä hetkessä kaikki on hyvin.

Pelkäämme me sitten mitä tahansa, tärkeää on, että löydämme sen sisältämme, tunnistamme sen, tuomme se valoon, sitten hyväksymme sen. Se on ollut, se ei ole enää. Pimeyshän ei voi esiintyä valossa. Pelko on pimeyttä, se estää ihmistä elämästä omana itsenään – valo-olentona.

Löydämme sitten sisältämme mitä tahansa, mitä tahansa, - niin rakastetaan sitä, hyväksytään se kaikki, onhan se meitä itseämme. Kun hyväksymme itsemme sellaisena kuin olemme, täytymme valolla. Olkaamme sellaisia kuin olemme ja olkaamme ylpeitä siitä mitä olemme. Me kaikki olemme erilaisia ja niin meidän kuuluukin olla erilaisia. Erilaisuushan on rikkautta. Ei vertailla toisiamme, -jotkut ovat rikkaita, jotkut vähävaraisia, jotkut onnellisia toiset onnettomia, olemme jokainen sillä omalla sielunpolullamme hankkimassa juuri niitä meille tarkoitettuja kokemuksia. Me olemme jokainen tämän maailman suuren palapelin pieniä osasia, jokaista meitä tarvitaan, jotta saavutetaan kokonaisuus. Meitä jokaista tarvitaan. Me olemme hyviä jokainen, yhdessä olemme enemmän.

Tutustu itseesi. Meistä jokaisesta löytyy katumusta, katkeruutta, kaunaa, häpeää. Miksi tein niin kuin tein? Miksi, miksi, miksi. Tässä tilanteessa on hyvä muistaa — ***ilman noita kokemuksia menneisyydessäsi, et olisi se, joka olet nyt tässä hetkessä.*** Nuo tapahtumat ovat kasvattaneet sinusta sen mikä olet nyt. Miten me muuten voisimme tietää, miltä tuntuu toisesta, joka on esim. polttanut kätensä tulessa, jos emme ole koskaan kokeneet vastaavaa, -emme voi tietää miltä tuo tuntuu. Mehän emme voi tunnistaa sellaista, mitä emme ole kokeneet itse. Vasta omaan kokemukseen vertailulla voimme tunnistaa tuntemukset. Mitä enemmän me saamme kokemuksia, sitä ymmärtäväisempiä meistä tulee. Me todella näemme enemmän ja ymmärrämme laajemmin. Emme tuomitse ketään. Meidän kuuluukin olla erilaisia. Me kunnioitamme itseämme, me kunnioitamme kaikkia ja kaikkea. Olkaamme ylpeitä siitä minkälaisia me olemme. Tässä hetkessä kaikki on juuri niin kuin ollakin pitää.

Otetaan siis kuitenkin se riski!

Entä sitten jos mokataan? Ei mitään ongelmaa, me kestämme sen kyllä, eikö totta? Olemmehan taas yhtä kokemusta rikkaampia, - kokemuksistahan me kasvamme näkemään enemmän ja ymmärtämään laajemmin. Mokaukset eivät meitä huononna, päinvastoin – meistä tulee rohkeampia. Olemme henkisesti rikkaampia ja vahvempia kuin koskaan.

Kokemukset opettavat

Jotta me voisimme elää vapaasti ja avoimesti, meidän on tutkittava sisimpäämme, löytyykö sieltä katkeruutta, kaunaa, häpeää, katumusta. Kun sitten löydämme sieltä näitä yllämainittuja tuntemuksia, meidän on syytä käsitellä näitä asioita. Hiljennetään mielemme ja keskitetään ajatukset noihin menneisiin tilanteisiin. Kutsumalla mukaan tuo meidän sisimpämme puolueeton tarkkailija, tutkimalla tapahtumia, näemme tapahtuneet eri silmin. Näemme myös toisten osapuolten silmin asiat, heidän motiivinsa. Tajuamme, ettei asia olekaan pelkästään niin kuin on sen itse tulkinnut ja tuntenut. Ehkäpä sitä tulee huomaamaan, ettei olekaan syytä noihin mustiin tuntemuksiin. Joka tapauksessa on hyvä tiedostaa, ettei mennyttä saa takaisin, on sitten tapahtunut mitä tahansa. Emme voi muuttaa mennyttä. Tiedostetaan asia, ymmärretään tekojemme ja myös toisten tekemien tekojen motiivit, - annetaan anteeksi. Kun ymmärrämme, ettemme ilman noita tapahtumia olisi se joka olemme nyt, osaamme olla kiitollisia kaikesta menneestä. Mehän tiedämme, ettei mitään tapahdu ilman alkuperäistä syytä, on se sitten mikä tahansa. Entisten elettyjen elämien syyt seuraavat meitä, kunnes ne on tasapainotettu. (Karman laki – syyn ja seurauksen laki).

Mehän olemme tässä fyysisessä kehossa juuri kokemuksia saadaksemme. Oppiaksemme kokemuksien kautta ymmärrystä ja lähimmäisen rakkautta, armoa ja anteeksiantoa. Opimme myös tuon tärkeän asian – läsnäolon tässä hetkessä. Mitä selkeämmin olemme NYT-tilassa, sitä selkeämmin me tiedostamme kaiken ympärillämme olevan. Opimme näkemään enemmän ja ymmärtämään laajemmin.

Energiakehot ja chakrat

Mehän olemme energiaolentoja ja tämä fyysinen keho on tämän sielun kulkuneuvo. Energiakehoon sisältyy useampi taso. Meillä on eetterikeho, jonka me voimme jopa nähdä, jos me osaamme katsoa. Eetterikeho on meidän oman kehomme kaltainen. Sen katsomista voi harjoitella siten, että laittaa kätensä vasten jotain vaaleaa, vaikka taustana valkoinen katto tai seinä. Katsominen tapahtuu - ei tarkkaan katsoen, - vaan kuin katsoisit hajamielisesti johonkin kaukaisuuteen, haaveillen. Epämääräisesti, -kokeile, pian huomaatkin näkeväsi valokehon sormiesi ympärillä, tämä valokeho seuraa kehosi ääriviivoja. Tämä näkemäsi keho on eetterikeho. Harjoittele.

Harjoittele myös seuraavaa, ota jokin värillinen esine, esim. punainen pallo, sininen neliön muotoinen paperi, mikä tahansa selkeän muotoinen esine joka on värikäs. Tuijota tuota esinettä keskittyneesti jonkin aikaa, nosta sitten katseesi valkoiseen seinään tai kattoon, ja huomaat miten sinne ilmestyy samanmuotoinen kuvio kuin katsomasi esine, mutta väri on eri. Sait esille vastavärin. Tällaisilla harjoituksilla on tarkoitus opettaa mieli hyväksymään, että silmät voivat nähdä jotain sellaista jota ei fyysisesti ole olemassa. Helpottaa jatkossa sinua näkemään asioita henkisin silmiin, niin että mielesi ei heti tyrmää sinua sanoen - minä vain kuvittelin..

Harjoittele, harjoittele..

Henkiminäsi haluaa lähettää sinulle viestejä monin tavoin, tiedät, tunnet, haistat, maistat, näet. Saat viestejä juuri sillä tavoin mikä on sinulle parasta, juuri niillä symboleilla jotka ovat sinulle merkitseviä.

Kun viestejä saat, sinä tiedät.

Toinen hienojakoisemmin värähtelevä keho on astraalikeho eli tunnekeho. Tunnekehossa näemme meidän energiatukokset, jotka jossain vaiheessa aiheuttavat sairauksia fyysiseen kehoon. Mehän olemme energiaolentoja, meidän energiamme pitää saada virrata vapaasti ilman esteitä. (Jos virta ei kulje, laite on rikki). Tunnekeho kuten nimikin jo sanoo, on meidän työkalupakkimme tunteiden käsittelyssä. Kun esim. vihaamme, kannamme kaunaa, meitä on petetty rakkaudessa, - kaikki tällaiset tunnekuohut, jos ne jäävät purkamatta - käsittelemättä, - aiheuttavat tukoksia energiassa. Herkkänäköisimmät henkilöt voivat nähdä nämä tukokset tummempina alueina energiakehon aurassa.

Tunnekehon ulkopuolella on vielä kevyemmin värähtelevä keho, ajatuskeho eli mentaalikeho. Ajatuskehossa, kuten nimikin jo sanoo, siellä me luomme ajatukset, mielikuvat asioista joita pohdimme. Kun me todella keskitämme ajatuksemme johonkin tärkeään asiaan, meidän mielemme alkaa työstämään tuota ajatusta kuviksi/tunteiksi ja meidän kehomme tottelee mielemme kuvia/tunteita. Otetaan vaikka esimerkiksi sitruunan ajattelu ja sitruunanviipaleen puraisu - ajatuksissamme. Mitä tapahtuukaan, - sylki alkaa erittyä suuhumme, aivan kuin oikeasti olisimme puraisseet sitruunaa. Siksi on todella tärkeää valvoa omia ajatuksiaan, välttää kaikkea negatiivista ajattelua - en opi, en tule saamaan sitä koskaan, en muista, olen kömpelö jne. Ajatuksemme ovat kuin toiveita, ne pyritään toteuttamaan.

Ajatuskehon jälkeen tulee Kausaalikeho, se keho johon kaikki meidän elämämme kokemukset tallentuvat, ei yksistään tästä elämästä, vaan kaikista menneistä eletyistä elämistä ja niitähän meillä on paljon.

Esimerkiksi jostain kumman syystä tunnemme paniikkia ahtaissa tiloissa, pelkäämme tulipaloa, pelkäämme jotakin, jota me emme pysty selittämään tämän elämän tapahtumilla. Tämä johtuu siitä, että nämä pelot ovat syntyneet jossakin edellisen elämän tapahtumassa. Olet ehkä pudonnut kalliolta, olet kuollut tulipalossa, olet hukkunut ym. Nämä muistot ovat tallentuneet Kausaalikehoon. Ne eivät ole tästä elämästä. Ehkäpä haluat näitä pelkoja selvittää, miksi pelkäät, pelkohan rajoittaa elämää. Tällainen pelko selätetään sillä, että hakeudut jonkun luo joka palauttaa sinut meditaatiossa/regressiossa edellisiin elettyihin elämiin. Voit myös itse meditaatiossa kysyä henkiseltä itseltäsi miksi koen pelkoa, saat kyllä vastauksen, ehkä tuntemuksien kautta, mielikuvina ym. Menneestä elämästä löytyy tuo tapahtuma, kun näin saat mielesi ymmärtämään, että tässä elämässä tuo pelkosi on aiheeton, voit taas elää vapaasti ilman pelkotilaa.

Sielu aloittaa tämän maanpäällisen vaelluksensa nuorena sieluna, saa kokemuksia, syntyy uudelleen ja uudelleen aina vain kehittyneempänä sieluna, kunnes ehkä useampien elämien jälkeen sielusta on tullut mestari, eikä enää ole tarvetta syntyä tänne fyysiseen maailmaan, ei ainakaan enää kokemuksien takia. Mestari voi tulla kuitenkin ilman karmallista vaatimusta tänne maan päälle, opettaakseen täällä olevia nuorempia sieluja kehittymään.

Jatkossa käytän nimityksiä – henkiminä ja päiväminä. Henkiminä pitää sisällään nämä energiakehot, sielun, jonka sydämessä asustaa tämä ikuinen Pyhä Henki, joka ei koskaan häviä. Joku kutsuu omaa henkistä puoltaan ehkä omaksitunnoksi tai intuitioksi, rakkaalla lapsella on monta nimeä. Henkiminä on se meidän luova puoli.

Henkiminän kautta saamme yhteyden myös muuhun energiaan, (esim. meediot poismenneisiin).

Päiväminä vastaa näistä fyysisen elämän haasteista, keinoista selviytyä hengissä tässä elämässä, haasteista pitää fyysinen keho elinkelpoisena.

Meidän koko kehossamme virtaa energiaa joka pitää meidät hengissä. Tämän energian keskittymät ovat pyörteitä kehossamme, niitä kutsutaan chakroiksi.

Otetaan käsittelyyn seitsemän chakraa:

Ensimmäinen chakra - juurichakra.

Väri on punainen, sijaitsee häntäluun juuressa. Turvaa elossa pysymisen. Tämän chakran merkitys on: - Taistele, pakene ja juokse jos tunnet olosi uhatuksi. Elinvoima.

Jos tunnet turvattomuutta ja elämänvoimasi on heikko, käytä punaista, pue vaikka punaiset sukat tai punaiset alusvaatteet. Suosi punaista väriä. Vahvistat näin chakran voimaa. Värithän säteilevät omaa aallonpituuttaan. Aina kannattaa kokeilla.

Toinen chakra - sakraalichakra.

Väri on oranssi, sijaitsee navan alapuolella. Tämän chakran kautta olemme sosiaalisessa kanssakäymisessä toisiin ihmisiin, luomme suhteita, perustamme perheitä. Jos tunnet ujoutta, et uskalla lähestyä toisia ihmisiä, sosiaalisuutesi on rajattua.

Käytä oranssia, suosi oranssia kaikessa missä mahdollista, myös ruoassa. Kaikkea kannattaa kokeilla.

Kolmas chakra - palleachakra eli solarplexus.

Väri on keltainen, sijaitsee pallean kohdalla. Chakra edustaa meidän omaa voimaamme, itsetuntoamme, miten hyvin luotamme itseemme. Miten näytämme itsemme maailmalle, samoin tämän chakran kautta tunnistamme energiat toisista energiaolennoista, jos vastassa on joku, joka ei miellytä meitä, olemme erimieltä, me laitamme vaistomaisesti kätemme puuskaan juuri tuohon pallean kohdalle, estämme tulevaa energiatulvaa. Estämme samalla oman negatiivisen energiamme lähettämisen.

Neljäs chakra - sydänchakra.

Väri on vihreä/vaaleanpunainen, sijaitsee lähellä sydäntämme. Chakra edustaa myötätuntoa, pyyteetöntä rakkautta. Kaikkea mitä koemme tunteella. Sydänchakran kautta lähetämme myötätunnon energiaa. Valoa. Myös vastaanotamme.

Viides chakra - kurkkuchakra.

Väri turkoosinsininen. Edustaa totuuden puhumista, kaikkea sitä, mitä me todella ajattelemme, - meidän omaa totuuttamme. Voi käydä niin, että kun puhut jotakin joka on vasten omaa totuuttasi, niin kurkkusi kutisee, joudut yskäisemään. Chakrasi muistuttaa sinua tuosta totuuden puhumisesta. Tarkkaile.

Kuudes chakra - kolmas silmä.

Väri tummansininen. Sijaitsee tuossa kulmakarvojen välissä. Enemmän näkemisen chakra. Kun meidän kolmas silmämme toimii, niin näemme kaikkea sellaista henkisin silmin, mitä emme fyysisin silmin näe. Myös tietoisuutemme laajenee, tiedämme asioita.

Seitsemäs chakra – kruunuchakra.

Väri lila/violetti. Sijaitsee päälaellamme. Tämän chakran kautta olemme yhteydessä korkeampaan energiaan/henkeen. Kaikkeuteen. Mitä pidemmälle olemme kehittyneet tällä henkisen kehityksen tiellä, sitä hienovaraisempaa värähtelymme on, sitä korkeammalle hengessä me pääsemme. Saamme yhteyden henkisiin opettajiin ja mestareihin.

Näiden chakrojen on tarkoitus toimia energisesti ja esteettömästi, jolloin kehossamme kaikki on hyvin.

Kun äiti esimerkiksi murehtii lastensa elämää, elää heidän murheitaan jatkuvasti. Ei kiinnitä huomiota omaan itseensä, ei huolehdi itsestään, vaan murehtii, murehtii. Ennen pitkää käy niin, että sydän chakran virtaukset hidastuvat, tukkeutuvat, syntyy energialukkoja, tukoksia jotka estävät fyysisten elinten täyden toiminnan. Paljon mahdollista (suru ja murhe lapsista), että seurauksena on rintasyöpä.

Kun pientä tyttöä on estetty kiukuttelemasta, - kiltti tyttö ei kiukuttele. Lapsi kuuntelee tuota koko lapsuutensa, hän uskoo siihen vielä aikuisenakin, hänet on aivopesty. Hän käyttäytyy edelleen kuin kiltti tyttö, onhan hänet siihen kasvatettu. Aikuisella on kuitenkin elämässään paljon tilanteita joissa kiukku sisällä kasvaa, sitä vain ei voi näyttää ulospäin. Vuosien kuluessa, jälleen energian kulku estyy. Palleachakra estetään toimimasta kunnolla. Näin voi käydä, sappi kiehuu, vaan ei voi tuota tunnetta purkaa. Seurauksena hyvinkin todennäköisesti syöpä sappirakossa.

Lähes kaikille sairauksille ja vaivoille löytyy energeettinen syntysyy. Emmehän me tahallamme aiheuta itsellemme vaivoja, mutta toimimalla sisäisen tuntemuksemme vastaisesti, (emme kunnioita itseämme) me aiheutamme oman energiakehomme toiminnalle sulkuja. Energiakehon toiminta kun hidastuu, fyysinen keho pikkuhiljaa, ajan kanssa, antaa ensin pieniä oireita, sitten ehkä voimakkaampia, mutta jos emme kuuntele kehoamme, keho reagoi sairastumalla.

Karmalliset syntysyyt ovat erikseen.

Kerrataan jälleen, ajatusten hallinta, nyt-hetkessä oleminen, ovat todella tärkeitä meidän oman hyvinvointimme vuoksi. Tarkkailemalla ajatuksiamme voimme käsitellä välittömästi negatiiviset tuntemukset, (emme kiellä niitä), osaamme huomioida tilanteet, joissa tuntemuksemme syntyvät (opimme ymmärtämään itseämme enemmän), osaamme tuntea nuo tunteet ja hallita tekomme tunteiden vallassa, rakastaen ja kunnioittaen itseämme, kaikkia ja kaikkea. Annamme elinvoimamme virrata vapaasti.

Tärkeää on muistaa, että tuntemukset ovat meissä, vastapuoli tai tilanne jossa tunteet nousevat esiin, ovat vain peileinä, auttaen meitä oppimaan omasta itsestämme asioita, jotka ovat olleet piilossa.

Käytän sellaista lausetta kuin, "pahaolo on aina siellä mistä ääni lähtee".

Otetaan vastuu omista ajatuksistamme, sanoistamme, teoistamme tai tekemättä jättämisistämme. Olemme kaikki toistemme opettajia ja oppilaita. Me tarvitsemme toisiamme kasvaaksemme henkisesti, kokemuksiemme kautta. Olemme jokainen tämän elämän palapelin pieniä osasia ja jokaista meitä tarvitaan.

Opitaan rakastamaan ja kunnioittamaan itseämme, emmehän voi antaa toisille mitään sellaista mitä ei meillä itsellämme ole.

Emme voi myöskään olettaa, että kukaan luottaisi meihin tai kunnioittaisi meitä, jos emme edes itse luota itseemme tai kunnioita itseämme.

Opimme myös, ettei tällaisista henkisistä asioista kannata keskustella henkilöiden kanssa, jotka eivät ymmärrä tai suorastaan kaihtavat aihetta.

Eletään omaa elämäämme, juuri niin kuin oikeaksi katsomme, otetaan vastaan oman elämämme ohjausta suoraan omalta henkiminältämme, opetamme samalla oman elämämme esimerkkien kautta heitä jotka epäilevät.

Tällä tavalla eläen, kasvamme henkisesti, opimme näkemään enemmän ja ymmärtämään laajemmin.

Kerron pienen tarinan:

Oli kaksi sielua jotka elivät onnellisina täällä maan päällä yhdessä, rakastaen toisiaan. Tuli aika sielujen siirtyä maan päältä taivaaseen. Sielu A ja sielu B elivät taivaassa täydellistä ja onnellista elämää.

Kunnes sielu A sanoi sielu B:lle – minun pitää mennä takaisin maan päälle, tarvitsen anteeksiantamisen kokemuksen. Sielu B vastasi, - ei, en minä ainakaan lähde, täällä on kaikki hyvin, olen onnellinen. Sielu A ei antanut kuitenkaan periksi, hänen oli saatava tuo kokemus. Sielu A lähti Jumalan luo pyytämään lupaa päästä maan päälle. Jumalan vastaanotolle oli pitkä jono sieluja jotka myös halusivat takaisin maan päälle. Sielu A jonotti ja jonotti, kunnes tuli hänen vuoronsa. Sielu A pyysi Jumalalta lupaa palata maan päälle saamaan anteeksiantamisen kokemuksen. Jumala sanoi: Ilman muuta saat luvan lähteä, mutta tarvitset mukaasi sielun, joka on valmis tekemään sinulle jotain niin julmaa, että voit kokea tuon anteeksiantamisen. Jumala katsoi jonossa olevia sieluja kysyen, olisiko joku valmis tuohon julmaan tekoon sielu A:lle? Jonossa olevat sielut käänsivät päänsä, - ei en ole, sanoi jokainen. Kunnes jonon viimeisenä olevalta sielulta nousi käsi. Siellä oli sielu B, joka sanoi – minä tulen sinun mukaasi, olen valmis tekemään sinulle jotain niin julmaa, jotta saat tuon tarvitsemasi kokemuksen, - sillä *minä rakastan sinua niin paljon.*

Tämä tarina on hyvä muistaa, kun omassa elämässämme tulee tilanteita, joissa kohtaamme epämieluisia asioita. Ehkäpä tuo sinua ahdistava ihminen onkin sinun paras sielukumppanisi. Elämässämme tapahtuvat asiathan ovat kokemuksiamme, joista meidän on tarkoitus oppia, oppia tuntemaan myötätuntoa ja antamaan anteeksi. Myös itsellemme.

Hengen ja energian lakeja

Meillähän on tämän fyysisen kulkuneuvon lisäksi tuo henkinen puoli. Ihan samalla tavalla kun opettelemme ajamaan auto, -opettelemme liikennesäännöt, sekä tietysti auton hallintavälineet, jarru, kaasu, vilkut ym., opettelemme huolehtimaan myös automme kunnosta.

Näin toimien, meidän on helppoa kulkea turvallisesti paikasta toiseen.

Samalla tavalla meidän on hyvä oppia pitämään huolta tästä kehostamme, kuuntelemaan sitä, sekä myös opettelemaan hengen ja energian "liikennesäännöt".

Mitä paremmin me ymmärrämme hengen ja energian lakeja, sitä helpompi meidän on tehdä tietoisia valintoja tässä elämässämme.

Otetaan ensin *Ilmennyksen laki.*

Me tarvitsemme tämän fyysisen kehon kokeaksemme niitä kokemuksia joita tarvitsemme oppiaksemme tuntemaan Rakkautta/myötätuntoa, oppiaksemme antamaan anteeksi, kaikkia niitä tuntemuksia, joita vain fyysisessä elämässä voimme tuntea.

Heijastumisen laki

Mitä sinulla on sisälläsi, heijastuu ulkoiseen elämääsi. "Niin ylhäällä kuin alhaalla". Sinun ulkoinen elämäsi heijastaa sisäistä olemustasi.

Tasapainon laki, syyn ja seurauksen laki, karmaksi kutsuttu.

Tärkeimpiä lakeja ymmärtää, sanonnat: "mitä sinä kylvät, sitä sinä niität", "mitä sinä tilaat, sitä sinä saat", ne ovat kirjaimellisesti totta. Mitään ei tapahdu ilman alkuperäistä syytä. Sen mitä sinä aiheutat, sen sinä saat takaisin jossain vaiheessa, ehkä et tässä elämässä, vaan seuraavassa. Samoin moni tapahtuma, jonka koet tässä elämässä, onkin edellisessä elämässäsi aiheutettu. Sielusi/henkiminäsi tässä hakee kokemuksia, vaihtaen vain kulkuneuvoaan välillä elämästä toiseen.

Vetovoiman laki

Vedät puoleesi asioita ajatuksillasi ja tunteillasi. Universumi ei tunne käsitteitä hyvä tai paha, joten saat juuri sitä mitä tunnet ja koet. Jos vaikka ajattelet negatiivisesti - en onnistu, en osaa, - vedät tuota energiaa puoleesi. Ajatusten hallinta ja tässä hetkessä läsnäolo ovat todella tärkeitä. Ole tietoinen! Kiitollisuus kaikesta mitä sinulla on, on yksi kallisarvoisimmista asioista joita on hyvä oppia. Kiitollisuuden energia vetää puoleensa hyvää.

Keskittymisen laki

Mihin keskityt, se voimistuu.

Vastakohtaisen ilmaisun laki

Me tarvitsemme mustaa ja valkoista. Me tarvitsemme molempia osapuolia, esim. kirkko ja kapakka. Me tarvitsemme niitä siksi, että meille on annettu vapaan valinnan oikeus. Mistä me valitsemme jos ei ole kuin vain esim. valkoinen. Me tarvitsemme moninaisuutta, me tarvitsemme vastakohtia, voidaksemme tehdä valintoja. Oppiaksemme itsestämme, minkälaisia valintoja minä teen ja miksi.

Ajatuksen laki

Tarkkaile ajatuksiasi. Mitä ajatteletkin, mielesi luo kuvia ja kehosi tottelee. Esimerkkinä -sitruunan puraisun ajattelu tuo syljen suuhusi. Kokeile jos et usko. Ehdotan että otat itsellesi ns. mantroja joita voit ajatella vaikka heti aamulla herättyäsi. Itselläni on: Tämä päivä on hyvä päivä, tapahtukoon paras mahdollinen.

Rakkauden laki

Kirjaimellisesti liima joka pitää kaiken koossa. Nämä lait ovat universaaleja lakeja jotka toimivat kaikkialla maailmankaikkeudessa, ne ovat ehdottomia, näitä lakeja ei voi manipuloida tai lahjoa.

Auttamisen laki

Tämä laki tarkoittaa sitä, että korkeamman energian olennot/entiteetit, ovat velvollisia auttamaan alemmalla energiatasolla olevia jos he apua pyytävät.

"Anovalle annetaan, kolkuttavalle avataan, etsivä löytää".. *Meidän pitää pyytää.* Meille on annettu vapaan valinnan oikeus, yksikään valossa oleva entiteetti ei mene meidän tahtomme yli.

Puheen laki

Tämä laki voimistaa ajatuksen lakia. Ajatusenergia ja puhutun äänen värähtely voimistavat toisiaan.

Symbolien laki

Henkimaailma/enkelit ovat meihin yhteydessä mm. symbolien kautta. Esimerkiksi valkoinen sulka on yksi merkki siitä että, hei, me enkelit olemme tässä lähellä. Luota, usko. Symbolit ovat henkilökohtaisia sille henkilölle, jolle ne on tarkoitettu. Symbolien merkitys on juuri se, miksi hän joka sen saa, ymmärtää. Esim. hämähäkki on toiselle pelottava, toiselle ahkeruuden ja vaurauden symboli. Kukin meistä saa juuri niitä symboleja, jotka ovat meille siihen hetkeen tarkoitettu viestiksi. Saamme sitten minkälaisen merkin/symbolin tahansa, meidän sisäinen itsemme tunnistaa sen viestin, kunhan kuuntelemme ja olemme hereillä tässä hetkessä.

Kehityksen laki

Mikään ei ole niin pysyvää kuin muutos. Kaikki on liikkeessä kaiken aikaa, jos emme kehity ja etene, me emme pysähdy, - me taannumme.

Näitä lakeja kun opimme ymmärtämään ja sisäistämään, meistä tulee kirjaimellisesti oman elämämme luojia. Opimme vastaanottamaan sielunsopimukseen kuuluvat kokemukset pienimmällä mahdollisella vastuksella.

Meidän on todella helppoa nähdä enemmän ja ymmärtää laajemmin.

Tunnista energioita

Olen jo tuossa aikaisemmin kertonut, että meidän tarvitsee vain pyytää, meidän pyyntömme kyllä kuullaan. Miten sitten tuo vastaanottaminen?

Sanoisin, että vastaanottaminen on huomattavasti vaikeampaa kuin pyytäminen.

Suosittelen energioitten tunnistamista harjoittelemalla.

Esimerkiksi, etsi tavallinen korttipakka, valitse sieltä kolme korttia, yksi on hertta kymmenen ja kaksi muuta mustaa, joko pataa tai ristiä. Värithän säteilevät eri aallonpituuksia, joten tuon herttakympin värähtely on erilaista kuin noiden mustien. Laita kortit ensin pöydälle numeropuoli ylöspäin, sitten laitat vasemman kätesi (vasen vastaanottaa, oikea ojentaa) kämmenpuoli alaspäin kortin lähelle, - esittelet näin kortit kädellesi, -tämä on esim. herttakymppi, tämä on patakahdeksan jne. Tunnista samalla miltä sen kortin värähtely tuntuu. Tuntuuko kylmältä, kuumalta, ym. Kun olet kaikki kortit kämmenellesi/kädellesi esitellyt, laita kortit sekoittamisen jälkeen pöydälle numeropuoli alaspäin. Yritä nyt tunnistaa värähtelyn perusteella missä on tuo herttakymppi. Harjoittele, harjoittele, - kun yhden kerran osut oikeaan, älä jätä harjoittelua siihen. Harjoittele niin kauan, että onnistut ainakin viisi kertaa peräkkäin, voit myös vaikeuttaa harjoittelua ottamalla mukaan vaikka viidestä kymmeneenkin korttiin, kaikki lisäkortit myös mustia, totta kai. Tällä tavalla saat jälleen uskoa itseesi, osaat erottaa energioiden värähtelyä.

Tämä on tapa saada meidän mielemme uskomaan, että on olemassa jotain joka ei näy, mutta me voimme tunnistaa sen.

Sitten kun olet onnistuneesti oppinut tunnistamaan korttienergian, voit siirtyä harjoittelemaan seuraavaa:

Pyydä joltain ystävältäsi esine, esimerkiksi vaikka taskukello, - josta et tiedä mitään, - et kenen se on, et sen historiaa.

Ota tämä esine käteesi ja keskity, - hiljennä mielesi, - tutki minkälaista energiaa tuo esine värähtelee, minkälaisia mielikuvia mieleesi nousee..

Pue sanoiksi nuo mielikuvasi/tunteesi. Pyydä sitten esineen tuojaa vahvistamaan kertomasi, tai kertomaan henkilöstä, joka tuon esineen omistaa/omisti. Näin opit tulkitsemaan myös esineiden energiaa. Luota tuntemuksiisi, luota vaistoihisi, kuuntele sisimpäsi ääntä. Henkiminäsi tietää.

Harjoitella kannattaa myös niin, että muutaman hyvän ystävän kanssa tehdään leikillinen koe siitä, tunnistetaanko energiaa muun muassa vaikkapa vedestä. Otetaan iso kulho, joka täytetään vedellä, laitetaan se pöydälle. Henkilö joka harjoittelee tunnistusta vedestä, poistuu huoneesta. Valitaan joku huoneessa oleva laittamaan kätensä vähäksi aikaa veteen. Kutsutaan poistunut henkilö takaisin huoneeseen. Tämä tunnistusta harjoitteleva henkilö laittaa nyt oman kätensä veteen ja pyrki lukemaan veden energioita. Hän kertoo tuntemuksensa, kuvailee kaikkea mikä hänelle nousee mieleen. Luonteenpiirteet, sairaudet, kivut jne. Ehkä hän suoraan tunnistaa jopa henkilön, joka kätensä veteen laittoi.

Tällainen harjoitus voidaan tehdä myös kulhollisella hiekkaa.

Tällaisilla harjoituksilla vahvistetaan omaa uskoa ja luottamusta niihin tuntemuksiin joita harjoituksissa mieleen nousee. Opitaan erottamaan erilaisia vivahteita, tulkitsemaan ne, pukemaan tuntemukset sanoiksi.

Harjoittelussa auttaa ystävien kannustava olemus, kaikki oikeaan osuneet tulkinnat vahvistetaan ja epäselvissä pyydetään lisää informaatiota. Ollaan positiivisia.

Harjoitus tekee mestarin.

Tällaisilla harjoituksilla herkistämme itsemme tunnistamaan energioita myös suoraan kaikissa olosuhteissa, asunnoista, ihmisistä, erilaisissa tilanteissa elämässämme.

Opimme myös esittämään pyyntöjä, lähettämään niitä Universumiin toteutettaviksi. Ilman omaan itseen luottamusta lähetämme kyllä pyyntöjä, mutta hyvin usein me itse myös tyrmäämme ne, emme luota niiden toteutumiseen. Ymmärtämällä tämän energian toimivuuden molempiin suuntiin, opimme todella olemaan oman elämämme luojia. Osaamme lähettää energioita ja osaamme myös vastaanottaa niitä.

Energioiden lukemisesta seuraa väistämättä se, että meidän pitää oppia erottamaan oma energia toisen ihmisen energiasta. Lähellämme voi olla ihminen jolla on kipuja, surua, tukahdutettuja tunteita. Emme saa altistua niille. Tiedostamme nuo tuntemukset, mutta emme lähde kokemaan niitä. Toisen ihmisen tunnetilat ovat tuon toisen ihmisen kokemuksia, ei meidän. Meidän tehtävämme on tuntea myötätuntoa, jotta hän, joka näitä raskaita tuntemuksia kokee, saa tuosta myötätunnosta kevennystä tuntemuksiinsa.

Vielä pitää muistuttaa tuosta energian puhtaudesta. Energia ei valehtele, energia on aina totta. Meidän oma vastaanottokykymme on se, joka ehkä vääristää noita tietoja. Jos meillä on sisällämme myrkkyä, tunnemme katkeruutta, vihaa, kaunaa, syyllisyyttä, mitä tahansa, meidän vastaanottokanavamme ei ole silloin puhdas. Tulkitsemme energioita likaisten suodattimien läpi.

Jotta voisimme olla puhtaita kanavoijia, meidän on opittava tunnistamaan oma itsemme, voittamalla itsessämme nuo alemmat energiat. (Tuli on hyvä renki, mutta huono isäntä). Alemmat energiat ovat meidän auttajiamme, opimme tunnistamaan niitä, mutta ne eivät saa hallita meitä. Tunnetaan tunteet, mutta hallitaan teot. Opitaan antamaan itsellemme anteeksi tekomme tai tekemättä jättämisemme. Opitaan rakastamaan ja kunnioittamaan itseämme juuri sellaisina kuin olemme.

Symboliikkaa

Oletko ajatellut, että meidän kirjaimemme ja numerommekin ovat symboleja. Noista viivoista ja koukeroista emme tietäisi mitään, jollei meitä olisi koulussa opetettu niitä tulkitsemaan. Lukeminen ja kirjoittaminen ovat siten vaivatonta, ymmärrämme merkkien sisällön ja merkityksen.

Kun näytämme vaikka viidelle henkilölle kirjoitettua sanaa - talo, niin näille kaikille viidelle syntyy mielessä kuva talosta. Yllätys, yllätys, - kaikki viisi ajattelevat kyllä taloa, mutta jokainen ajateltu talo onkin sitten jo erilainen. Huomioi tämä: yksi sana, talo - tuottaa viisi eri mielikuvaa! Tästä tullaan siihen, että jokainen meistä luo noita mielikuviaan omien silmälasiensa läpi, omien kokemuksiensa kautta. Meillä kaikilla on kokemuksia taloista, on asuttu kerrostalossa, maalaismökissä, kartanossa, - jos jonkinlaisessa rakennuksessa, jota taloksi voi kutsua. Meistä jokainen luo tuon mielikuvan sanasta talo, niiden omien elämässä koettujen tapahtumien valossa.

Voimme tässä todeta, että kun saamme viestejä symboleina, ne ovat juuri niitä meille itsellemme tarkoitettuja viestejä, juuri sillä tavalla kuin me ne koemme. Täten johtopäätös symboleista on, ettei niitä aina voi yleistää.

Meediolle viestinvälityksessä tulevat symbolit ovat myös juuri niitä hänen kokemuspiiriinsä kuuluvia, mutta se viesti, jota hän välittää, on oikea tulkinta vastaanottajalle.

Voimme harjoitella tätä symbolien tulkintaa vaikka siten, että keräät postikortteja ison kasan. Kutsut ystäviäsi mukaan, heitä jotka myös ovat näistä asioista kiinnostuneita. Laitat kortit pussiin/kassiin, josta sitten jokainen sokkona nostaa itseään varten oman kortin. Nyt sinä tulkitset ystäväsi kortin hänelle, kerrot kaikkea sitä, mitä mieleesi nousee. Ystäväsi vuorostaan tulkitsee sinun korttisi sinulle. Näin siksi, että jos me tulkitsisimme itse oman korttimme, me helposti tulkitsisimme kortin siten, kuin me haluaisimme asioiden olevan, antaisimme toiveajattelullemme vallan. Sillä tavalla emme saa kortin viestiä niin kuin se on meille tarkoitettu. Kaunistelemme asioita mielemme mukaan.

Kun nostamme kortin, voimme sanoa mitä se meille tulee kertomaan. Esimerkiksi - tämä kortti kertoo minulle ensi vuodesta, tämä kortti kertoo minulle ensiviikon tapahtumista, tämä kortti kertoo miten onnistun työssäni jota teen jne.

Kun sitten korttia katsotaan, niin katsotaan kaikkia sen elementtejä, -mikä vuorokauden/vuoden aika? Minkälaisia värejä? Mikä on kortin tunnelma? Onko siinä ihmisiä/eläimiä? Mitä kortin kuvassa tapahtuu?

Väreistä voimme tulkita chakran värien mukaan. Punainen elinvoimaa, energiaa. Oranssi sosiaalisuutta, - ulospäin suuntautumista. Keltainen tahdon voimaa, miltä näytän ulospäin. Vihreä uusia alkuja, myötätuntoa, lempeyttä. Turkoosi puhumisen lahjaa, tiedon saantia ja tiedottamista, totuutta. Tumman sininen viisautta ymmärtää henkisiä asioita, näkemistä henkisin silmin. Violetti/lila yhteyttä omaan henkiminään, anteeksiantoa, armoa, yhteyttä korkeimpaan. Valkoinen tiedon valoa, - parantavaa ja auttavaa energiaa. Harmaa suruja, - pieniä murheita. Ruskea turvallisuutta, maanläheisyyttä. Musta epätoivoa, riitaa, masennusta, sairautta.

Voimme myös kysyä sairauden sijaintia, missä on tukos? Vastauksena chakran väri, joka kertoo minkä chakran alueella tukos on. Jokaisella chakrallahan on oma toiminta-alueensa. Tutustu niihin.

Myös niin, ettei epätoivoisesti tarvitse lukea ja tulkita koko korttia, vain ne kuvat ja kohdat, jotka sieltä silmiin nousevat, - niillä on erityinen merkitys. Kuitenkinhan on, että kukin tulkitsija tulkitsee oman intuitionsa mukaan, luottaen tuntemuksiinsa. Harjoittelemalla ja saamalla positiivista palautetta, me opimme nopeastikin luottamaan omaan sisäiseen ääneen, joka näitä asioita meille ajatuksiimme tuo. Harjoitus tekee mestarin.

Ajatusenergia

Voimme harjoitella myös ajatusenergian lähettämistä ja vastaanottamista.

Tehdään viisi korttia valkoisesta pahvista tai paksummasta paperista, piirretään niihin jokaiseen värillinen kuvio. Kuviot selkeästi erilaisia ja voimakkaan värisiä. Kuviot neliö, kolmio, suorakaide, ovaali, pyöreä. Väritä pyöreä keltaiseksi, se voidaan kuvitella vaikkapa auringoksi. Neliö siniseksi, kuvitellaan vaikkapa mereksi, taivaaksi ym. Ovaali punaiseksi, kuvitellaan rakkaudeksi, tuleksi. Kolmio vihreäksi, kuvitellaan metsää, ruohoa. Suorakaide ruskeaksi, kuvitellaan maaksi pelloksi ym.

Tässä oli muutamia ajatusesimerkkejä.

Harjoitus tehdään pareittain. Kummallakin samanlaiset kortit, jos harjoitus tehdään etänä.

Sopikaa kumpi on ensin lähettäjänä. Lähettäjä keskittyy yhteen valitsemaansa korttiin ja siinä olevaan symboliin. Mitä voimakkaammin lähettäjä eläytyy, ei yksistään ajattelemaan väriä, vaan johonkin tunteeseen jonka tuo väri tuo esille, sitä helpompaa on vastaanottajan tunnistaa ajatus ja sen tuoma tunne. Esimerkiksi keltainen, aurinko, kuuma, hikoilu..

Harjoitelkaa muutaman kerran näin ja sitten vaihdatte rooleja. Ei kannata masentua jos ei heti mene putkeen. Pitäkää vaikka kirjaa miten onnistutte. Numeroikaa kortit yhdestä viiteen, kirjanpito on helpompaa merkitsemällä pelkät numerot, mitä lähetin, mitä vastaanotettiin. Lähettäjä merkitsee omaan kirjaansa mitä hän lähetti ja siihen viereen, mitä vastaanottaja tulkitsi. Näin saatte todisteita edistymisestä, - sitä tulee tapahtumaan.

Tämäkin harjoitus lisää enemmän näkemistä ja laajemmin ymmärtämistä.

Muista harjoituksissa – älä vaadi itseltäsi mitään. Mitä enemmän itseltäsi vaadit, sitä enemmän itseäsi estät - egosi on silloin kuvioissa mukana. Ole utelias, tiedonhaluinen seikkailija, katso mitä tapahtuu. Pidä mielesi avoinna, ole ennakkoluuloton. Anna sisimmän itsesi -henkiminäsi toimia. Ei vaatimuksia, ei odotuksia, pidetään tämä seikkailuna. Opitaan hiljentämään ajatukset. Harjoitellaan, harjoitellaan ja huomataan, - herkkyyteni on lisääntynyt. Mitä useammin onnistut, sitä enemmän innostut. Huomaat että osaat avata mielesi vastaanottamaan. Lähettäessäsi huomaat osaavasi keskittyä siihen yhteen asiaan. Osaat hallita ajatuksesi.

Tämä harjoitus lisää kykyäsi vastaanottaa energioita siinä jokapäiväisessä elämässä. Osaat kiinnittää huomiota ajatuksiin jotka pulpahtavat mieleesi, - kenties jostakusta ystävästä, josta et ole kuullut pitkään aikaan. Ajattelet, että nyt soitat hänelle, ja kuuletkin tältä ystävältä, että hän on ajatellut sinua. Kun huomioit omat kykysi, opit luottamaan niihin. Henkiminäsi ohjaa sinua jokaisella askeleellasi, kunhan olet oppinut kuuntelemaan.

Opit keskittymisen kautta myös avautumaan kanavaksi, jonka kautta virtaa valoa, - parantavaa ja auttavaa voimaa.

Anteeksianto

Jotta olisimme puhtaita valon kanavia, meidän on ensin käännyttävä sisäänpäin ja tunnistettava itsessämme olevat tukokset: katumukset, kaunat, itsesyytökset, sekä muiden syyttämiset.

Tieto siitä, että emme saa takaisin mennyttä, auttaa meitä ymmärtämään, etteivät syytökset ja katumukset vie meitä mihinkään hyvään.

Menneisyyteen ja siellä tapahtuneisiin asioihin on saatava selvyys, - miksi?

Voimme lähteä selvittämään näitä tapahtumia meditaation/hiljentymisen kautta. Palataan menneeseen tapahtumaan, niin, että mukanamme onkin puolueeton tarkkailija (oma henkiminämme), tarkkailija joka näkee tilanteen molemminpuolisesti, kokonaisuutena. Mitä tapahtui, miksi tapahtui?

Näin kun sallimme avoimin mielin nähdä tilanne ulkopuolisin silmin, ehkä huomaamme, ettei asia ollutkaan ihan niin kuin olimme sen kokeneet. Tarkkailtuamme tilannetta uudella tavalla, ymmärrämme myös toisten osapuolien motiivit tapahtumiin. Näin kun lähestyy menneitä tapahtumia, on huomattavasti helpompaa ymmärtää tilanne uudella tavalla. Kokonaisuutta kun katsoo, huomaa, miten tilanteet seuraavat toisiaan loogisesti. Me olemme olleet siinä pelinappuloita, olemme saaneet kokemuksia, jokainen tapahtumaan osallistuja.

Tällä tavoin toimien opimme näkemään enemmän ja ymmärtämään laajemmin, opimme myös antamaan anteeksi.

Opimme kunnioittamaan itseämme aivan uudella tavalla, olemme oppineet paljon kokemuksiemme kautta.

Avoin mieli ilman ennakkoluuloja, se on kaiken a ja o.

Kun mielemme on avoin, saamme puhtaampia viestejä korkeammalta taholta, valosta. Saamme sitten viestejä itsellemme tai muille jaettavaksi, viestit eivät tahriinnu meidän omista ennakkoluuloistamme ja asenteistamme.

Anteeksiannon myötä koko elämämme muuttuu valoisammaksi. Koko olemuksemme loistaa valoa myös kaikkialle missä kuljemme.

Tee aina parhaasi

Kun olemme antaneet anteeksi itsellemme ja kaikille, olemme puhdistaneet sisimpämme, on tärkeää, että myös säilytämme tuon puhtauden, ei enää tukoksia. Kun jatkossa puhumme vain puhtaita sanoja, meidän ei koskaan tarvitse katua mitään, ei mitään.

Puhtaat sanat ovat sanoja, joita tarkoitat sydämestäsi. Et enää voi vain sanoa jotain jonkun toisen mieliksi, jos et sitä itse sydämessäsi tarkoita.

Myös toinen asia, *älä oleta mitään.* Usein me kuvittelemme tietävämme mitä toinen tarkoittaa, vaikka emme tiedä. Väärinkäsitykset syntyvät juuri näin. Teemme asioita tuon luulon perusteella tai odotuksien perusteella, jotka ovat vain meidän omaa ajatusmaailmaamme. Tämä toimii myös toisin päin. Läheisesi/ystäväsi toimii samoin, luulojensa mukaan ja sitten loukkaantuu/pettyy, kun luulot eivät pidäkään paikkaansa. Ketä siitä syytetään? Ei ainakaan omaa itseä. - *Joten, älä oleta mitään.*

Kolmas asia, *älä ota mitään henkilökohtaisesti.*

Kun olemme oppineet puhumaan puhtaita sanoja, - emme enää oleta mitään, - olemme voimallisia oman elämämme luojia, olemme myös läheistemme/ystäviemme loukkaantumisen kohteina, olettaen, että he olettavat/odottavat, sinun käyttäytyvän kuten ennenkin. Tulet saamaan syytöksiä, arvosteluja, kun et täytäkään enää heidän odotuksiaan. Olet muuttunut. *Muista, pahaolo on aina siellä mistä ääni lähtee/puhujassa, - joten älä ota mitään henkilökohtaisesti.*

Opit olemaan levollinen, tiedät, että olet puhunut vain sitä, mitä todella tarkoitat/totuutta. Samalla pystyt näkemään tuon puhujan sydämeen, opit näkemään hänet aivan toisenlaisin silmin, *opit tuntemaan myötätuntoa häntä kohtaan.* Syytökset eivät nostata vastasyytöksiä (kuten ehkä aikaisemmin olisi tapahtunut). Me osaamme tarkkailla, kuunnella ja tunnistaa miten pahaolo puhujalla on. Tunnistamme tuon pahanolon, se ei ole meidän, emme ota sitä itseemme. Myötätunto puhujaa kohtaan syntyy ihan itsestään, luonnollisesti. Tuo myötätunnon valo antaa voimaa meille olla levollisia ja samalla lempeää rauhoittavaa voimaa myös puhujalle. Tällä tavalla tilanne myös rauhoittuu. Puhuja huomaa aika pian, miten kyse olikin hänen omista oletuksistaan/odotuksistaan.

Jos kuitenkin oma kiukkusi nousee etkä voi sitä hillitä, tunnusta tuo tunne, älä estä sitä. Lähde selvittämään miksi? Hiljentymisen kautta mielen ollessa tyyni, palaa tuohon tilanteeseen, käy läpi omat tuntemuksesi, ota sisäinen puolueeton tarkkailija avuksesi, selvitä mikä tilanne menneisyydessäsi sai tuon kiukun pintaan. Käy tilanteet mielessäsi läpi, anna sisäisen viisautesi johdattaa sinua ymmärtämään ja vapauttamaan sinut menneiden tapahtumien kahleista. Ymmärrys ja anteeksianto vapauttavat.

Opimme uutta itsestämme. Ei kukaan meistä ole täydellinen, ei pidäkään olla. Olemme täällä elämänkoulussa henkisesti kasvamassa, nämä kokemamme kokemukset ovat juuri niitä oppiläksyjämme. Opimme vapautumaan katkeruudesta, vihasta, kaunasta, syyllisyydestä, häpeästä ym. Opimme elämänviisautta, rakkautta, myötätuntoa, ymmärrystä, anteeksiantoa, armoa. Opimme olemaan nöyrä Suuren Luojan edessä.

Ajatuksen voima

Mehän tiedämme, että mihin ajatuksemme kiinnitämme, se voimistuu. Annamme energiaa tuohon kohteeseen jota ajattelemme.

Meidän on hyvä olla läsnä tässä hetkessä, jotta olemme tietoisia omista tuntemuksistamme/ajatuksistamme.

Me voimme elää murehtien, surren asioita joita emme hallitse, mutta pelkäämme pahinta. Kun energiamme on suuntautunut pelkäämiseen, suremiseen, me vedämme tuota energiaa puoleemme.

Todella tärkeää on tässä hetkessä oleminen.

Tärkeää on olla avoin ja positiivinen asenteessa elämää kohtaan. Tuoda valoa kaikkialle missä kulkee, tiedostaa, että vastoinkäymiset eivät ole ongelmia, vaan mahdollisuuksia. Mahdollisuuksia kokeilla miten pärjää, miten luovia ratkaisuja voi kehittää. Valon tuominen on ilon ja positiivisuuden levittämistä läheisilleen, siellä missä kulkee.

Positiivisuutta voi aloittaa harjoittelemalla, - sanomalla joka aamu herätessä: tämä päivä on hyvä päivä, tapahtukoon paras mahdollinen.

Kun me jatkuvasti toistamme ajatustamme hyvästä päivästä, me alamme uskoa, että näin tapahtuu. Kun uskomme, me toteutamme hyvän päivän kuin itsestään. Sisäisesti meidän kehomme kuuntelee ja tottelee ajatustamme. Ulkoisesti ajatusenergia vetää puoleensa ja voimistaa sitä mitä ajattelet. *Olkoon siis lasimme aina puoliksi täynnä.*

Etiäiset

Etiäinen tarkoittaa tietoa tulevasta. Etiäinen on jotain sellaista, jota emme vielä tiedä, mutta meille kerrotaan siitä erilaisin merkein. Olet varmaan kuullut sanontoja kämmenten syyhyämisestä. Vasen vastaanottaa ja oikea ojentaa. Vasen kämmen kun syyhyää, tulen saamaan jotain jota en vielä tiedä. Esimerkiksi vaikka, ystävä tulee kylään ja tuo kukkakimpun. Oikea kämmen taas tietää jotain yllättävää menoa jota en ole suunnitellut, en ole siitä tietoinen.

Jalanpohjan syyhyämiset tietävät matkaa. Minulle vasemman jalanpohjan syyhyäminen tarkoittaa automatkaa (pidempää matkaa), oikea taas kävelymatkoja. - Kävelymatka voi olla jotain sellaista kuin että normaalin lenkin sijasta tulenkin tekemään pidemmän lenkin, joka ei ollut tarkoitukseni, ennen kuin tapaan ystävän, joka ehdottaa: mennäänkin tuolta kauempaa.

Vastaanotamme myös tuntemuksia, korvat pistelevät/kuumottavat, - joku puhuu sinusta ilkeyksiä.

Posket kuumottavat, - joku ajattelee sinua lämpimästi.

Vanhaa perinnettä ovat myös sanonnat, ruokailuvälineen putoamisesta, - joku tulee kylää. Veitsi tarkoittaa miestä, haarukka naista, lusikka perheellistä.

Lasin sirpaleet tuottavat onnea, peilin sirpaleet taas epäonnea.

Korppi tuo suru-uutisia. Ym.

Saamme myös tietoa ajatuksiimme, vastaanotamme viestejä.

Mieleemme nousee joku tietty ihminen, kuinka ollakaan, hän soittaa tai tapaat hänet yllättäen. Hän on ajatellut sinua.

Me saamme viestejä tulevasta koko ajan, me emme vain huomioi niitä. Tässä tullaan tämän kirjan perimmäiseen tarkoitukseen: **Näe enemmän ja ymmärrä laajemmin.**

Kaikki lähtee tässä hetkessä olemisen taidosta. Mielenhiljentämisen taidosta, **-olla läsnä tässä ja nyt.**

Ehkäpä kyse on siitä, että odotamme jotain suurta ja mullistavaa. Kuljemme katse kohdistettuna ylös tähtiin, odottaen ihmettä tapahtuvaksi, emmekä huomaa, miten monta pientä ihmettä tallomme samalla jalkojemme alle. Kyse näissä etiäisissä on juuri tuo meidän jokapäiväinen elämämme ja siinä tapahtuvat asiat. Kyse ei ole maailmoja mullistavista asioista, vaan meidän omasta elämästämme. Kunhan opimme huomaamaan nuo pienet asiat.

Esimerkiksi – oikea kämmen kutisee, - ostat jotain yllätysostona, tai annat jollekin pienen lahjan, ilman että olet sitä etukäteen suunnitellut. Vasen kämmen kutisee, - saat ystävältä kukkia tai sinulle tuodaan kahvipaketti kun tullaan kylään. Tällaiset asiat ovat niin pieniä, ettei niitä edes huomioi. Vaan entäpä kun tulet *tietoiseksi*?

Pienistä ihmeistä syntyy suuria kun ymmärrät ja vastaanotat saamasi viestit/etiäiset.

Opit näkemään elämän aivan uudella tavalla. Sinulle kerrotaan tulevia asioita etukäteen.

Pienistä puroista syntyy suuria virtoja ajan kanssa. Merkitykset lisääntyvät, löydät yhteyden omaan henkiseen itseesi joka näitä viestejä sinulle tuo.

Sinut lukijani, minä haastan nyt tarkkailemaan merkkejä, kirjoittamaan ne ylös, seuraamaan tapahtumia merkkien toteutumisesta, miten ne toteutuivat. Käytä kalenteria, siitä on helppo seurata miten nopeasti merkit käyvät toteen (yleensä seuraavana tai sitä seuraavana päivänä).

Opit myös tiedostamaan itsellesi henkilökohtaiset viestit.

Voit nähdä valkoisia sulkia aivan yllättävissä paikoissa. Kun sulan näet – tiedät heti, että tuo on tarkoitettu juuri sinulle, - enkelit ovat kanssasi.

Minä löysin ensimmäisen sulkani (tietoisesti tietäen sulan merkityksen), autoni etupenkin selkänojasta. Ystäväni, joka oli minulle valkoisista sulista kertonut, sanoi, että tuo sulka auttaa minua saamaan parkkipaikan aina kun vain pyydän. Olen siitä lähtien pyytänyt apua vapaan parkkipaikan löytämisessä ja se on toiminut.

Merkit/viestit toimivat kaiken aikaa. Kerran autolla ajaessani mietin siinä samalla, miten voin tietää jonkin asian olevan totta? Melkein siinä samassa kiinnitin huomioni vastaantulevan auton rekisterikilpeen – siinä olivat kirjaimet SGN, - mieleeni tuli sana SIGN (merkki). Sain vastauksen ajattelemaani kysymykseen, - luotan saamaani vastaukseen. Näin meitä autetaan kaiken aikaa, meidän tarvitsee vain olla tässä hetkessä ja hereillä. Kun teemme kysymyksiä, saamme vastauksia, meitä autetaan.

 Voit tietysti sanoa, esimerkiksi että, - valkoisia sulkia on vaikka kuinka paljon, ainahan niitä löytää. Kysymys ei ole etsimisestä ja löytämisestä, vaan *näkemisestä*. Silmäsi ohjautuvat sulkaan, ja samalla hetkellä tiedät, se on viesti juuri sinulle. *Sen vain tietää.* Meidän silmämme ovat herkät tutkat, ne ohjautuvat juuri siihen, mikä on tärkeää siinä hetkessä. Sanoisin, että tämä kaikki toimii meillä kaikilla kaiken aikaa, emme vain ole siitä tietoisia. Emme ole hereillä. Ajatuksemme virtaavat kuin vuolas koski kaikissa arkipäivän tapahtumissa, eilisessä, menneessä, tulevassa, ties missä muussa kuin tässä hetkessä.

Mehän jo tiedämme olevamme oman elämämme luojia, eikö?

Me tiedostamme valintojemme seuraukset, olemme vastuussa omasta elämästämme ja tekemistämme valinnoista.

Jotta saisimme elää elämäämme mahdollisimman pienin vastuksin, saaden kuitenkin nuo kokemukset joiden kautta opimme ymmärtämään enemmän, kokemukset, joiden vuoksi me olemme täällä fyysisessä kehossa, meidän henkiminämme ohjaa meitä.

Henkiminämme ohjaa meitä viesteillä, merkeillä, joita me sitten tulkitsemme tai emme.

Tarkkailemalla nykyhetkeäsi, tässä ja nyt, mieti – onko kaikki hyvin? Oletko tyytyväinen olotilaasi, elämääsi?

Tiedostamalla, että tämä hetki elämässäsi on aikaisempien valintojesi, ajatustesi, puheidesi tulosta, auttaa sinua tekemään tässä hetkessä valintoja tietoisesti, hyviä valintoja, valintoja jotka tuntuvat hyvältä itsestäsi. Luovut valinnoista joita toiset sinulta odottavat/vaativat.

Luovut myös ajatuksesta, minun täytyy, on pakko, saan hävetä silmät päästäni jos epäonnistun. Egosi luo nuo ajatukset.

Kuuntelemalla sisintäsi, henkiminäsi ohjausta, kaikessa tekemisessäsi on mukana ilo, hyväolo, tunne jostakin upeasta ja kevyestä energiasta. Näin luot elämääsi onnea ja terveyttä, menestyt kaikessa mihin ryhdyt sydämesi motiivilla, - myötätunnolla ja rakkaudella.

Tunne myötätuntoa myös egoasi kohtaan, ei paheksuta, ei tuomita, -alempi energia on olemassa syystä. Me tarvitsemme vastakohtia oppiaksemme tekemään valintoja. Oppiaksemme erottelukykyä. Oppiaksemme tuntemaan itseämme, - kasvaaksemme henkisesti.

Meillähän on vapaan valinnan oikeus tällä planeetalla.

Maailmassa tapahtuu kaiken aikaa pahoja ja julmia asioita, - vältetään tuomitsemista, - olisimme silloin voimistamassa juuri tuota voimaa jota emme hyväksy.

Tuhoamalla sitä, mitä emme hyväksy, olemme yhtä pahoja kun paheksunnan kohde.

Todellista voimaa vaatii olla ensin neutraali ja sitten löytää myötätunto. *Valon energioilla olemme vahvoja auttajia.* Autamme heitä joihin julmuus kohdistuu. Samalla luomme valoa kaikkialle, matalan energian voimat eivät voi olla valossa. Pimeys ei mahdu valoon. Näin toimien olemme todellisia valon tuojia ja auttajia.

Kanavointi

Edellisessä osassa kerroin etiäisistä. Ajattelepa asiaa tarkemmin. Miten meille voidaan kertoa tulevasta? Sitähän ei ole vielä tapahtunut, tai edes suunniteltu, silti me saamme merkkejä/viestejä tulevista tapahtumista. Onko asia kenties niin, että henkisessä maailmassa/energian maailmassa olemme jo eläneet nuo hetket? Onko niin, että tämä fyysinen elämä on hitaammin värähtelevää ja siksi raahaa perässä? Siinä onkin pohdittavaa.

Kanavoinnissa saamme tietoa suoraan ajatuksiimme, - saamme tietoa joka kuuluu välittää muille.

Meillä kaikilla on henkisiä opettajia/mestareita ohjaamassa ja opastamassa tämän elämänkoulun kokemuksien kohtaamisessa. Kun olemme päässeet siihen vaiheeseen, että osaamme hiljentyä, osaamme *kuunnella ja kuulla*, olemme oppineet oman elämämme viestien merkityksen, - meistä tulee myös tiedon vastaanottajia/viestinvälittäjiä, jos näin on tarkoitettu. Kutsun kyllä kuulee ja tunnistaa, kukin meistä omalta kohdaltaan. *Sen vain tietää.*

On monia tapoja vastaanottaa tietoa valosta/korkeammilta oppailta/opettajilta. Kaikessa on kuitenkin tärkeää tuo hiljentyminen. Omien ajatusten poistaminen, on kaiken A ja O.

Avautuminen vastaanottamaan opastusta edellyttää tietoista aikomusta. Kaikkea voi harjoitella. Voimme valmistautua vaikka kynän ja kirjoituslehtiön kanssa. Voimme kokeilla alkaako käsi kuljettaa kynää paperille itsestään (automaattikirjoitus). Voimme hiljentyä ja kuunnella tuleeko sanoja/lauseita ajatuksiin. Voimme valmistautua myös puhumaan kaikkea sitä mitä meille annetaan puhuttavaksi kuuntelijoille.

Kun olet suorittanut kaikkia kirjan harjoituksia, olet opettanut mielesi hyväksymään, että on olemassa paljon sellaista joka ei näy, mutta on. Kaikki tekemäsi harjoituksen kantavat hedelmää nyt, kun sydämesi pyhästä aikomuksesta haluat avautua kanavaksi. Et epäröi, vaan luotat saamaasi tietoon.

Voit myös saada yhteyden tuonpuoleiseen siirtyneisiin läheisiin, jos haluat. Meedio on kahden maailman välinen viestien välittäjä. Meedio tuo lohtua tänne jääneille omaisille/läheisille. Meedion viesti on myös: elämä jatkuu.

Olet oppinut erottelukyvyn kautta havaitsemaan alemman energian tuotokset. Tiedät, että valon auttajissa on puhdas myötätunnon/rakkauden/hyväksynnän/armon energiat.

Käytät itse samoja energioita elämässäsi. Olet siirtynyt valon tuojiin.

Elämäsi on valoa, uskoa ja luottamusta.

Lasisi on aina puoliksi täynnä.

Päiväsi on hyvä päivä. Tapahtukoon paras mahdollinen.

Menesty kaikessa mihin ryhdyt.

Rakkaudella Pirjo Piippola